از پویا تا مهسا

سروده های مهران رفیعی

درباره نویسنده

مهران رفیعی در آبادان بدنیا آمد و دانش آموخته دانشگاه صنعتی آریامهر می باشد. او در دانشگاه شیراز مربی بود، در جریان انقلاب فرهنگی اخراج شد و در سال ۱۹۹۰ میلادی به استرالیا مهاجرت کرد. مقالات، داستان های کوتاه، طنزها و شعرهای او از ۱۹۹۶ در رسانه های مختلف انتشار یافته اند. او در برگزاری جلسات فرهنگی و بویژه شب های شعر همکاری داشته است.

کتاب خاطرات او به اسم یک ادیسه ایرانی در سال ۲۰۱۷ توسط شرکت آمازون منتشر شد.

این مجموعه را به گوهر عشقی و تمام آزادگانی که با استبداد مبارزه می کنند تقدیم می کنم.

سروده ها

منبع: حوزه علمیه کاراکاس

وصیت نامه سیاسی سید علی

چنین گفت سید به اشرارِ خویش
زمانِ وداعم بیفتاده پیش
شتابید و دیگی ز حلوا پزید
که فردا شوم از نظر ناپدید
کنون من بگویم ز اسرارِ کار
ولایت بپاید به زندان و دار
سرِ مردمان را بِکَندم ز تن
ز خویشان ستاندم حسابِ کفن
من از کودکی تا بگشتم بزرگ
گرفتم دروسی ز روباه و گرگ
بجز اهلِ بیتم که غارتگرند
بنی آدم اعضای یک پیکرند
اگر چه فقیهان بظاهر گَرند
به روز ضرورت چو فرمانبرند
تو امروز پُر خور که هنگامِ رزم
نه منقل بماند نه دود و نه بزم
سپس گفت درماندهِ تند خوی
بجز نفع پوتین توسودی مجوی
بگفتا به آن شیخک مفت خوار
که برجامِ روسی زمسکو بیار

سپارم شما را بسی کاخ و گنج
که پورم نیفتد پس از من به رنج
نه ایران بخواهم نه ناموس را
سلامی دهم قاریِ طوس را
به روی مزارم نخواهم نشان
که زردی بپاشد به رویم جوان

دی ماه ۱۴۰۱

فرارِ مجتبی

ز گندی که هر جا بزد مجتبی
دگر کس بترسد که پوشد عبا
به سرعت رُباید طلایِ سیاه
به فرمانِ والی ز زورِ سپاه
رقیبی ندارد به صنفِ ریا
گِرا از دو سو گیرد این بی حیا
بگیرد ز بابا و عادل کمک
که سازد بسیجی به سانِ یدک
گمارد غلامان به فرماندهی
که ترسد ز برگشتِ شاهنشهی
به قصدِ تناسل به لندن رَود
قشونِ کنیزان به همره بَرد
کلامش نباشد بجز حرفِ مفت
که در دین حقیقت نباید بگفت
ز عدل و مروت ندارد خبر
به سروانِ میهن بکوبد تبر
نخواهد که شاکی شود سرفراز
به زندان کشد مردمِ پاکباز
زِ صندوق آرا بدُزدد بسی
بگوید به این قومِ دانا خسی
بخواند نمازی به پشتِ پوتین
بسازد حصاری چو دیوارِ چین

به مُطرب بگوید سرودی بساز
که کودک بخواند به وقتِ نماز
ز طغیانِ مردم کنون خشمگین
که ملت نتابد دگر تیغِ دین
بلرزد ز فریادِ زن - زندگی
که مُلا بخواهد ز زن بندگی
زمانش رسیده که بندد فِلنگ
به زندان بیفتد ستمکارِ خِنگ

دی ماه ۱۴۰۱

مشتِ آهنین

ز مشتِ آهنین گردی پشیمان
که پولادین بوَد سندانِ ایران
چُماقت را مزن بر فرقِ مردُم
که چوبت می کُشد چون نیش کژدُم
چرا رفتارِ تو مثلِ بشر نیست؟
ز رنگِ معرفت در تو اثر نیست؟
مَنه افسارِ خود در دستِ دزدان
که سیلی می خوری از دستِ گُردان
بیا بیرون از آن سوراخِ پنهان
که افیون می کُند حالت پریشان
نه موشک می کند دیگر علاجت
نه از بمبِ اتم گیری تو حاجت
شنیدی قصهِ زن زندگی را؟
صدایِ سرکشِ آزادگی را؟
بزن بوسه برین خاکِ پر از خون
بگو: درمانده ام، مجنون ومغبون
اگر افزون کُنی با ما لجاجت
بکوبد کاوه ای مغز و ملاجت
زمستان بگذرد ای پیرِ نادان
پس از عَزلت شود ایران بهاران

خمینی در وطن جایی ندارد
کز آن ظالم فقط آتش ببارد
سر انجامِ تو هم بهتر نباشد
که از هر فتنه ات جز خون نپاشد

آذر ۱۴۰۱

به مناسبت سقوطِ آزاد ریال

پولِ ملی

اگر هست دولت مسلط به کار
چرا پولِ ملی چنین گشته خوار؟
نهاد و وزارت ندارد شُمار
دریغا نبینی ز آنها بخار
نظر چون کُنی بر توانِ خرید
ببینی که مُلا چه نان ها بُرید
فشارِ تورم کمر کرده خُرد
ز تیغِ گرانی کِه نانی بخورد؟
ستم هایِ حاکم ندارد کران
که یاری دهد او به غارتگران
ز روزی که ملا نشسته به صدر
به یغما برفته از این خانه قدر
همانی که گفته تجمُل خطاست
در اطرافِ گورش سراسر طلاست
ریالت نیارزد به قدرِ پشیز
ز دست فقیهان شُدی اشک ریز
طبیبی بفرمود لُنگی بپوش
ز فقر و ز فاقه مشو در خروش
خودش در گلستان کند زندگی
به عیش و به نوش و برازندگی

ز صبر و مدارا نیاید رفاه
که غارت کند مالِ مردم سپاه
ز رنجِ گرانی تو دیگر مسوز
بساطِ ستمگر در آتش بسوز

دی ۱۴۰۱

تقدیم به خانواده خدانور

رقصِ خدانور

چرا رنجت دهد رقصِ خدا نور؟
مگر هم لانه ای با جغدِ شب کور؟
فرو بر بسته ای چشمت به دنیا
فریبت می دهد اوهام و رویا
نمی دانی تو رسمِ زندگانی
چه میدانی ز سور و شادمانی؟
حذر کن زان تبهکارانِ خونریز
ز بندِ ابلهان خود را میاویز
به حرفِ زندگان یک دم بیندیش
شمارِ کُشتگان دیگر مَکُن بیش
نگشتی زین همه خون ها تو سیراب؟
نبینی چهرهِ مهسا تو در خواب؟
نگیرد حرصِ تو یک لحظه سیری؟
چرا خامی کنی در عهدِ پیری؟
بخواندی ملتی نادان و گمراه
چه داری جز سپه جمعی تو همراه؟
چو دیدی آخرِ دورانِ صدام
چرا بد می کنی ای شیخِ بدنام؟

بگوشت می رسد فریادِ دشنام؟
نیابی معبری دیگر از این دام
فرو افتی ز تختِ بی ثباتت
نمی پاید در این طوفان سپاهت

آبان ۱۴۰۱

در سوگِ کیان پیرفلک

رنگین کمان

رسیدی ز پویا به رنگین کمان
که آرش بگیرد دو چشمت نشان
چرا جان ستانی تو از کودکان؟
مگر بیم داری ز بالندگان؟
زنی بر سرِ مردم داغدار؟
کِشی پهلوانان ما را به دار؟
نگاهی بر آنان که کُشتی فِکن
درونت تو جامِ شرارت شِکن
تو که نایِ ایران به تیغت بُری
دگر نامِ میهن چرا می بَری؟
شُدی هم سخن با صفِ کرکسان
که ناکس سَراید به سودایِ نان
جنایت چو کردی تو در زاهدان
ز داغش بسوزد دلِ مردمان
ز ظلمی که کردی در آن آستان
نداری رفیقی تو در سیستان
فرستی بسیجی به دانش سرا
که آتش فروزد به هر ماجرا
بیازردی استادِ میهن پرست
که سدِ جهالت ز بنیان شکست

نکوهیده باشی تو در کویِ یار
درختی که کِشتی نشسته به بار
به پیمانِ روسی دلت را مبند
که فردا ببینی ز پشتت گزند
چو هرگز نرفتی به راهِ کمال
حمایت نگردی به وقتِ جدال
بزودی برافتی ز تخت و توان
که ملت بکوبد به طبلِ گران

آذر ۱۴۰۱

کبوترِ خونین

نظر کن بر پر و بالِ سپیدم
ببین نقشِ حرم با خون کشیدم
نشانِ لانه ام گلدسته ها بود
من از دیوانگی منزل گُزیدم
به آوایم ترا من شاد کردم
فقط بانگ عزا از تو شنیدم
ندیدی جز وفا در خُلق و خویم
چرا تیر و کمان دستت بدیدم؟
بهارِ عمرِ من پرپر بِکردی
مگر از عمر تو من دانه چیدم؟
سرابِ دیده ام حوضِ حرم بود
بدست مومنان در خون تپیدم
فشاندم رنگِ پر بر چهرهِ دین
شرنگِ جاهلی جانا چشیدم
خطا رفتم تمام خط خود را
به کویِ معرفت آخر رسیدم

آذر ۱۴۰۱

پیام سیدعلی به خودی ها از بازداشتگاه موقت

فردا چرا؟

رفته ای تا بیتِ ویرانم، ولی حالا چرا؟
اَشتَری، حالا که پُشتش خم شده ناجا چرا؟
یا رَبا، آن سفرهِ رنگینِ بی همتا چه شد؟
قاتقِ هر روزِ ما اینک شده حلوا چرا؟
جنسِ اعلا تا ثریا می بَرد با خود مرا
عادلا، پنهان بکردی رازِ خود از ما چرا؟
اکبری، بی اِذنِ ما هرگز نمی کردی شنا
ظهر سردی بی محافظ رفته ای آنجا چرا؟
طائبا، از عزلِ خود زِر زِر نکن چون نازیان
پس ندانی ملتی نفرین کند ما را چرا
قاسما، از هجرتت در آتشی جانم بسوخت
کس نداند دشمنی با ظالمی شیدا چرا؟
مجتبی، آخر تو هم در دخمه ات افتی به دام
گر توانی از دری خارج شوی فردا چرا؟
ای خدا، من حاضرم تا از جهان هجرت کنم
لاکنا، حالا که چهچه می زند گلپا چرا؟

آذر ۱۴۰۱

یاوه های سردار سپاه قدس

ژنرال قاآنی

کس نفهمد مُهمَلِ سردارِ قُدس
چون بگوید نابجا با رمزِ مورس
از علومِ حوزوی دارد خبر
بر درختِ سروِ ما کوبد تبر
جان ستاند از جوان این نابکار
گه به تیرِ آتشین گاهی به دار
شهسواری مثلِ او ایران ندید
قامتش مایل تر از اندامِ بید
می زند طبلِ گران چون روزِ جنگ
گر چه دارد مخزنِ افیون و بنگ
در یمن موشک کُند هر دم هوا
چون نخواهد مُشکلی گردد دوا
بوسه باران می کند پایِ پوتین
تا بماند دولتِ سلطانِ دین
نفتِ ما را می بَرَد در خاکِ شام
تا اسد فارغ شود از بارِ وام
روزگارا عهدِ قُدسی پُر مباد
ظلمِ این دیوانه خو باشد زیاد

دی ۱۴۰۱

داغِ موشک

سه سال از جنایت به سختی گذشت
زمانِ بیانِ حقیقت نگشت؟
سپاهی نگوید کلامی ز راز
که حاکم بنازد به دستانِ باز
بگفته اصابت در آن شب رواست
شرر هایِ موشک چو نورِ خداست
ز ظلمی که آن شب بر این خانه رفت
دگر داغِ موشک ز دل ها نرفت
زمستان نرفت و بهاران نشد
مکانِ اصابت پر از لاله شد
نیاسود مادر ز رنجِ جفا
که هرگز ندیده ز شیخان وفا
ز جور ولایت پدر گشته پیر
که یوسف بمانده به چاهی اسیر
حنایِ حکومت چه بیرنگ بود
چو آتش نباشد فریب است دود
زمانِ اسارت بیاید به سر
که ملت نخواهد شهی خیره سر

کنون بانگِ مردم بیاید به گوش
سخن ها ز داد است و دفعِ وحوش
حقیقت بگردد سرانجام فاش
چو مهرِ فروزان تو دلگرم باش

ادی ۱۴۰۱

به مناسبت پایان کار تروریست های انقلاب اسلامی

روزِ مرگِ سپاه

در زمانِ حاکمی پیر و پلید
این سپاهِ لعنتی آمد پدید
چون قسی بود آن فقیهِ خود پرست
ریشه هایِ این ستم در خون نشست
جانشین ش گویِ سبقت را رُبود
از امیران تهمتِ پیشین زدود
بر سرایِ معرفت هر دم بتاخت
گِردِ سروانِ زمان زندان بساخت
دائما از نُصرتی در جنگ گفت
شام را با شهوتی نا کام خُفت
چون سپاهی بر سرِ مجلس نشست
بر دهانِ مردمان قفلی ببست
آن دگر با حیله ای داور بشد
گاهِ کُشتن مانعِ حاکم نشد
هر به خون آلوده ای سردار گشت
مُرشدش آن وحشی تاتار گشت
کرد غارت ثروت این خاکِ پاک
کس نگردد از فسادی بیمناک

حرصِ حاکم در زمان چون گشت بیش
تیغ او از مرزِ میهن رفت پیش
خود فِتاد اندر چَهی کان را بِکَند
جاهل از کردار خود بیند گزند
روزِ مرگ این سپه اینک رسید
کس نتابد سلطهِ دیوِ سپید
چون سپاه و بیت او آید فرود
تا ثریا می رود بانگِ سرود

بهمن ۱۴۰۱

یادِ مهسا

نامت از لب نمی فتد مهسا
همچو اسمی که مانده از آسا
آن نشاطی که حقِ انسان بود
کرد غارت همان که شیطان بود
قومِ پاکت که فخر ایران است
شاکی از شَرِ شب پرستان است
شیخِ خودبین به خنجرش بالد
مامِ میهن از این جفا نالد
کُرد نالد ز دردِ دیرینه
وز سپاهی که می دَرَد سینه
رفت مطرب ز کوی و منزل ها
غم تراود ز روزنِ دل ها
ما بدیدیم بس زیان از دین
هم شرارت ز رهبری پرکین
این نظامی که می کند بیداد
محو گردد بسان پر در باد

مهر ۱۴۰۱

مهسایِ گلگون

چو بینم پیکرِ گُلگونِ مهسا
به خاطر آورم رُخسارِ آسا
هنوز از سوزِ دی دل ها بسوزد
از آن آتش که جزجانان نسوزد
به روز از غُصهِ پویا خرابم
نگاهش نیمه شب آید به خوابم
به هر بندی ببینم من نویدی
که جنگد چون یلی با هر پلیدی
چنان ترسد ولی از تارِ مویی
که خون ها بر زمین بینی چوجویی
چو قاضی می زند بر فرقِ زهرا
عدالت گُم شود در شهر و صحرا
دگر وقتِ سکوت و خُفتگی نیست
مُرادِ از زندگی در بردگی چیست؟
نصیبِ مردمان جز غم نباشد
تعامل با ریاکاران چه باشد؟
نجاتِ جمعِ ما جز همدلی نیست
علاج این جفا در بُزدلی نیست
نِهم دستانِ خود در دستِ یاران
به هر یاری که دارد مهرِ ایران
چو افتد گوهری بر روی این خاک
برآید کاوه ای در دامنی پاک

اگر مِهرم بود با نسلِ فردا
نشاید بایدم گردد مبادا

مهر ۱۴۰۱

ظهورِ مجتبی

من چه گویم از ظهورِ مجتبی؟
کز جلوسش حصبه آید یا وبا
درسِ خارج می دهد همچون پدر
حافظِ طوسی بُوَد از پشتِ در
گر گدایی سر کُند در کویِ او
دست و پایش می شود رنگِ لبو
مالِ دنیا او نخواند جز پشیز
روزگارش بگذرد با افت و خیز
مسلکِ نیکش بوَد مِهر و وفا
خون بگریَد گر کسی بیند جفا
از فساد و فتنه ها باشد بَری
مادرش گوید که او باشد پَری
هست قصد و غُصه اش خدمت به ناس
مهر وَرزد فارغ از جنس و لباس
دشمن از تحریم او دارد هراس
چون که داند رمز و راز اختلاس
ای خدا این سرخوشی از ما مگیر
تا بماند امتی خشنود و سیر
چون زمانِ این پدر آید بسر
شمع ما روشن نما با گُل پسر

شهریور ۱۴۰۱

خبرگانِ رهبری

چون نباشد حرکتی در مُردِگان
انتظاری چون بود از خبرگان؟
دل بر این بنیادِ بی بنیان مَبند
کز سکوتش ملتی باشد به بند
هر یکی چنگی زَنَد بر ثروتی
یا به زورِ چکمه ها یا بدعتی
گر رَسَد صدها بلا از آسمان
خبره ای هرگز نگردد مهربان
تا بِکوبَد بر دُهُل آن خود ستا
خوش برقصد جنتی هم چون عطا
راهِ مردم از رَهِ این ها جداست
مشُرکم من گر که این راهِ خداست
قوسِ مردم روز و شب باشد عیان
خبرگان در فکر آن قوس نهان
از لواطِ قاریان مردم به تنگ
پاسخ هر شکوه ای باشد فشنگ
گر فسادی از خفا آید به دید
شَه بتوفد پس چرا کش می دهید؟
چون اساس خبرگان از بُن خطاست
انحلالش بی گمان کاری بجاست

شهریور ۱۴۰۱

به یاد سیمین بهبهانی

سلامی به سیمین

به غمخوارِ فرهنگِ ایران درود
به سیمین که شیرین غزل ها سرود
همه شعر تو شور و نور و امید
کلامت ملالت ز دلها زدود
صدایت سراسر رسا و سَره
که دادت بجز دردِ انسان نبود
بگفتی ز پروازِ زیبایِ عشق
زمانی که قاری غنا می ربود
چو تیغِ زمان بر گلوها نشست
نگشتی چو خواران تو یکدم خمود
به شامی که شاعر شرف را فروخت
در آن جمعِ گمره نکردی ورود
چو بودی بر اسبِ صلابت سوار
نجُستی ز سردارِ رسوا تو سود
کُند این شبِ شومِ میهن گذر
چو هر شب بخواند سهیلی به عود
نیابی گزندی ز گشتِ زمان
که نامِ سپیدت نکردی کبود

شهریور ۱۴۰۱

بیادِ سایه

بنالد ز هِجرت سرایِ امید
ز نایی که رنجِ جدایی چشید
چو از نازنینان یلی رخت بست
سر انگشتِ حسرت بباید گزید
سُرودی تو صدها سرود و غزل
که شهدش سَرآید به قند و نبید
سُلوکت صفا و صدایت رسا
از این ره کلامت به کیوان رسید
فروغت چو شمعِ هراسان نبود
نه در سایه ات کس سیاهی بدید
بِجُستی پری را در اندیشه ها
چو بر چَشم و چِشمه نیامد پدید
کنون دارِ بی جان بشد ارغوان
گریبان به دامان چو مجنونِ بید
نه سعدی بِمُرد و نه حافظ فِسُرد
نه سایه که گوید ز فردا نوید

مردادماه ۱۴۰۱

تقدیم به جنبش زنان ایران

دخترانِ گُردآفرید

تو که بنشسته ای در بیتِ بدنام
به گوشت می رسد فریادِ دشنام؟
برون کش پنبه را از لالهِ گوش
مشو پنهان دگر در لانهِ موش
خبر داری تو از تاریخِ این خاک؟
بخواندی خیزش دُختانِ بی باک؟
به هر شهر و دهی بانگِ نویدان
که خونخواهانِ ما گُردآفریدان
چو فریادِ زنان هر دم شود بیش
دمی بر کرده هایِ خود بیندیش
به جمع بزدلان هر دم زنی لاف
در اوهامت رسی بر قلهِ قاف
چو طوسی شُهره شد در خطِ لغزش
براندی دختران از صحنِ ورزش
ببستی بر زنان راهِ صدارت
فروشِ دختران کردی تجارت
نشاندی جاهلی بر هر گذرگاه
که از چشمِ بَدت زن گردد آگاه
چو مطلوبت بُوَد عصرِ جهالت
به رختِ دختران کردی دخالت

ز نادانی عقب بُردی وطن را
سیه کردی سرِ سروِ چمن را
چو نالد مادری از دستِ خالی
چه اقدامی کنی جز قیل و قالی؟
چو گویی یاوه ها با لحنِ پر سوز
ندانی صحبتِ دنیایِ امروز
اگر داری خبر از شانِ آدم
ز مویِ دختران دیگر مزن دم
ندُزدَد رانِ عریان نانِ مَردُم
نگیرد جانِ کس چون شیخ و کژدُم
چنان رفتی تو در دنیایِ اوهام
که در راهِ فنایت می زنی گام
هر آن کس سر کند با جمعِ نادان
نباشد فاتحِ امروزِ میدان
چو فردا می شوی همبسترِ خاک
چه بُگذاری به جا جز نامِ ضحاک؟

تیر ماه ۱۴۰۱

حجابِ سیاه

حجابت همچو پندارت سیاه است
که در کیشت نکو بودن گناه است
فشاندی گردِ ماتم بر سرِ خاک
چروکِ چهرهِ میهن گواه است
تو کز چاهِ زنخدان می گریزی
چه می دانی چرا بیژن به چاه است
بسیجت می دَرَد هر رشتهِ مهر
سپاهت دشمنِ برقِ نگاه است
لواط و هرزگی اینک خطا نیست
بساطِ عشرتِ طوسی براه است
ز رنجِ مردمان هرگز نرنجی
که اهلِ بیتِ تو غرقِ رفاه است
نباشی لحظه ای راضی ز عالم
چو چشمِ تنگِ تو دنبالِ جاه است
ز طوفانی که از خیزش بپا شد
ثباتِ تختِ تو چون برگِ کاه است
بفهمد با خِرد از گردشِ چرخ
که شب آمد بسر وقت پگاه است

تیر ماه ۱۴۰۱

نارضایتی خامنه ای از فضای مجازی

رهبر و فضای مجازی

چو حالم بگیرد فضایِ مجازی
ندارم رضایت از این وضعِ بازی
نه کس از مقامِ ولایت نویسد
نه قندی ز قندانِ رهبر بِلیسد
چو ملت ندارد شعورِ و درایت
ببندم دهانی که گوید شکایت
گُمارم نگهبان به هر کوی و برزن
که ترسم ز رخسار وعصیان هر زن
تمامِ وجودم گرفتار لرز است
که قطبِ خطرها همین سوی مرز است
ز خونی که ریزد ز دست و ز رختم
بلرزد شبانگه ستون هایِ تختم
به کُندی شود صبح شب هایِ تارم
رفیقی نپرسد ز احوالِ زارم
به هر کس که فرصت بدادم ریا کرد
ز دستم بِرَست و در آن سو صفا کرد
ز اسرارِ من دشمنم باشد آگه
نه ایمن به بیتم نه در دشت و درگه
تفال زدم دوش و بانگم بر آمد
چو خواجه بگفتا که عهدم سر آمد

خدایا نخواهم سرانجامِ صدام
که طاقت ندارم بیفتم در آن دام
در اطرافِ بیتم تهمتن نبینم
همان بِه که عزلت به غُربت گزینم

تیرماه ۱۴۰۱

خامنه ای: خدای امسال همان خدای سال شصت است

خداوند شصت

خدا تا که گفتار رهبر شنید
فشارِ رگانش به قرمز پرید
چو در نطق او نقشِ منطق نبود
بگفتا در آن مغزِ خالی چه بود؟
برنجید در جا زهنجارِ زشت
گناهی به پایش به دفتر نوشت
بلیطی خرید و به جَنَت برفت
که از دل بَرَد غُصهِ شصت وهفت
بخاراند سر را و راهی بِجُست
به ذهنش نیامد جوابی دُرست
چو پژمرده شد رفت و کنجی نشست
به تسبیحِ چینی فرو بُرد دست
به ذکر و تفال زمانی گذشت
ولی راهِ چاره هویدا نگشت
به ناگه بیامد ز هاتف ندا
که اِغماض باشد به نادان خطا
چو عزم خدایان بشُد آشکار
خداوندِ شصتی غمین گشت و زار
از آنجا بسوی مقرش پرید
که رهبر ببیند خدایِ جدید

به ابله بگویم به تندی جواب
که شاید به پیری بخیزد ز خواب
بسی فتنه دیدم در این سال ها
سپاهی ز رمال و دجال ها
دگر کس نگوید ز چنگیز خان
به عهدی که رویا بود آب و نان
هر آن کس در این شامِ تاریک زیست
به خون سکندر دگر تشنه نیست
خمینی نه انسان نه قدیس بود
که همواره رویش به ابلیس بود
چو دیدم به چشمم فقیهانِ مست
دگر من نباشم خداوندِ شصت

تیرماه ۱۴۰۱

در رثای مریم و رامین در سانحه متروپل

کافهِ مهر

لرزه ای بود در آن صبحِ کبود
بلبلان غرقِ سکوت
در هوا دوده و دود
ناله ای در دلِ رود
نخلِ کارون ز سحر شاد نبود

فارغ از گرد و دما
با صد امید و صفا
کافهِ مهر لبانش بگشود
تا بگوید به همانند: درود

ساعتی چند گذشت
لرزه ها افزون گشت
ناگهان کرد فرود
سقف آن بُرجِ خمود
چرخِ غدار در آنی بربود
آن همه عشق که در فنجان بود

خرداد ماه ۱۴۰۱

دورانِ شیر زنان

چه گویی که دورانِ شیران گذشت؟
نبینی که روبَه هراسان بِگشت؟
چنین حرفِ بی جا زَنَد بی خِرد
حقیری که اموالِ مردم خورَد
چو دختر نصیبش در ایران جفا ست
به هر کوی و برزن صدایِ ندا ست
چه گویم ز نسرین که اسطوره است
که پولادِ عزمش سر از خاره است
نیابم کلامی که گویم از او
ز گوهر که تازد سرِ بازجو
ز آرش نگویم نه تیر و کمان
که پرتابِ نرگس دَرَد کهکشان
دروسِ نَتَرسی ز پروانه پُرس
تو احوالِ رهبر ز بیگانه پُرس
اسیدی که سوزاند رخساره ها
بسوزد سپاهی ز خون خواره ها
دو چشمم چو رفتار شیرانِ بدید
دگر شک ندارم به گُرد آفرید
چو عاشق کُند جانِ شیرین نثار
کِه طرفی ببندد ز بند و ز دار؟

تیرماه۱۴۰۱

تقدیم به معلمان شریف

معلم در بندِ ضحاک

با معلم دشمنی کردن خطا ست
آن که زندان می کند از ما جدا ست
علمِ ما در مدرسه گردد فزون
ورنهِ حوزه می کند ما را زبون
با ذکاوت عالمی جوید جواب
از جهالت زاهدی بیند سراب
واعظان چون دشمنانِ دانش اند
هم شریکِ طالبان، هم داعش اند
هر که با طوسی رفاقت می کند
با معلم ها عداوت می کند
او نتابد پرسشی از داهیان
از دبیران، کاتبان یا شاعران
ساکن زندان شود شمعِ کلاس
تا سپاهی قد کِشَد با اختلاس
با جهالت می کُند هر جا نَبَرد
آن معلم کو کِشد فریادِ درد
مختلس باشد مصون از هر جزا
گر رَسد بانگی ز کویِ مجتبی
ثروتِ ملی رَود هر دم به باد
کس ندارد این چنین عهدی به یاد

این بساطِ نیمه جان ریزد فرو
منتظر بر مرگِ ما باشد عدو
از شجاعت مملکت ماند به جا
با قیامی می شود ایران رها
قفلِ زندان چون شکافد از میان
سوی شاگردان دود آن خسته جان
اشکِ شادی می شود بر رخ روان
قلبِ میهن از شعف گیرد توان

خرداد ماه ۱۴۰۱

همدردی با داغدارانِ آبادان

سرایِ سوگوار

با تو سوزم ای سرایِ سوگوار
ای که داری ریشه ای در هر تبار
بس پلیدی دیده ای از اهلِ دین
بی گمان اسطوره ای در کارزار
هر فقیهی بر سَرَت آوار ریخت
چون نبودی با جهالت سازگار
رونقت خاری بشد در چشمِ شیخ
پای کوبد در غمت این نابکار
نفتِ تو چون زر بوَد در این زمان
زاهد از زرها بِشُد بر ما سوار
در هجومِ شرجی و طوفانِ شن
همچنان قائم بماندی برقرار
دوده ها بر دامنت دائم نشست
حیرتا رویت نشد همرنگِ سار
خم نکردی قامتت پیشِ عدو
تا نباشی از قصورت شرمسار
بر سَرت بارید سُربِ آتشین
تا کُنَد مَحوَت ز صحنِ روزگار
قلبِ تو یکدم نشد عاری ز مهر
نا کشیدی دستِ خود روزی ز کار

ملتی باشد کنون اندر مصاف
تا بگیرد از فقیهان اختیار
چون زمستان سر کِشَد جامِ فنا
بر امیری بر دمد نورِ بهار
رکس گوید قصه را فارغ ز نقص
متروپل رسوا کند یارانِ غار
بر لبِ کارون بگوید با فغان
مادری از خاطراتِ ناگوار
آن طرف تر عاشقی با بوسه ای
می کُند بر خاکِ ایران افتخار
نامِ نیکو گر بماند ز آدمی
به کز او ماند سپاهی جیره خوار

خرداد ماه ۱۴۰۱

فتوایِ تولیدِ مثل

بنام خداوندِ کشتار و جنگ
بتازم به مردم چو تیمور لنگ
بگیرم مسرت ز مرگِ و فغان
نخواهم ز شادی نشان در جهان
فرستم ز بیتم به هیتلر درود
که راهِ جنایت به رویم گشود
در این دارِ فانی بسی مرد زیست
بگو برتر از آن ابر مرد کیست؟
بگفتا که کودک به میدان رود
هماهنگِ جنگِ جهانی شود
چو پُر شد روانش ز خشم و ز کین
نترسد جوانی ز بمب و ز مین
بنازم بر آن قدرتِ پیشوا
که همتا نبودش به کُل قوا
اگر امتم پیر گردد کنون
نماند نشانی ز امواجِ خون
بقایم چو باشد به نوزادها
بسازم روایت چو شیاد ها
بخواهم ز امت جهادی کند
شبیخون به خرگاه دشمن زند
تو هر ساله طفلی برایم بساز
که دارم به افرادِ جنگی نیاز

نه عذری پذیرم ز دستانِ تنگ
نه پندی بخواهم ز پایانِ جنگ
اگر صلح گردد کنون ماندگار
نبینی تو عزت ز پروردگار
ز آشوب گیرد شریعت جلا
که مهدی بیاید به وقت بلا
ز امشب به تختت تو ساکن مخواب
به فتوا بده چون جهادی جواب

خرداد ماه ۱۴۰۱

به مناسبت انتشار نماهنگ سلام فرمانده

جوابِ فرمانده

بفرمود آقا به نو کیسه گان
بسازم سپاهی ز نو باوگان
بغرید آنگه به بانگی دُرُشت
بکوبم من آن کس که قاسم بِکُشت
ندارم امیدی به بالایِ دَه
چو دائم بنازد به دورانِ شَه
هواخواهِ من باشد آن خُردسال
که جُنبد ز جایش به وقتِ جدال
دروسِ دبستان کنم واژگون
به کودک بگویم ز کشتار و خون
چو تاریخ باشد سراسر خطا
نگارم کتابی به سبکِ عطا
بخوانم ز طوسی من اسطوره ها
هجومِ شبانگه به گهواره ها
قرائت توانا کند خُرد را
که طوسی بداند رَهِ بُرد را
نویسم خمینی سرِ صلح داشت
به جایِ عداوت محبت بکاشت

چنین کودکانی جهادی شوند
همهِ مالِ ملت به غارت بَرَند
چو روزی رسد نوبتِ مجتبی
جهان تیره گردد چو عهدِ وبا

خرداد ۱۴۰۱

برین خودسر بشوریم

بیا جانا برین خودسر بشوریم
که دل خونین بود تا ما صبوریم
نشاطِ زندگی از سر بِدَر شد
به سانِ بردگان راضی به گوریم
نه او بر ما زند یک لحظه لبخند
نه با خلقِ جهان همگام و جوریم
بدزدد مُهره ها این پیرِ بد کیش
ز پیل و اسب و شه همواره دوریم
نخواهد قومِ ما بیند خوشی را
نمی داند همه دلبندِ سوریم
زمامِ مملکت در دستِ دزدان
ز ناداری کنون چون بیدِ عوریم
همین خاکِ کُهن مهدِ یلان بود
نمی دانم چرا در بندِ زوریم؟
بهاران آمد و رخساره ها زرد
هَزاران نغمه خوان، ما سوتِ کوریم
هما چون پر کشید از بام ایران
بخوان مرغ سحر تا صیدِ توریم
بهشتِ این زمین در آسمان نیست
نه در بندِ عسل یا چشمِ حوریم
ز طوفان می رسد رعدی بگوشم
کزین وادی دگر ما در عبوریم

خرداد ۱۴۰۱

هشدار در مورد دلیران بختیاری

کویِ دلیران

نمی دانم چه می دانی زتاریخ؟
بگویم گر رود در سنگِ تو میخ
دوامِ مُلکِ ما باشد ز شیران
به هر کوه و کمر کویِ دلیران
بدان هر کس که با شیری در افتاد
ز چشمِ ملتِ ایران ور افتاد
تو چون کُشتی یلانِ بختیاری
دگر در خاکِ میهن جا نداری
ندانستی که پویا هم یلی بود
تو گویی کاوه ای یا جنگلی بود
نشوید خاکِ ما رگبارِ باران
که گلگون تا ابد ماند ز آبان
طمع بندی تو بر هر لقمهِ نان
بکوبی ضربه ای بر جسم و برجان
چو می دزدی تو نان از سفرهِ ما
ببین خشمِ عیان در چهرهِ ما
بخوانی اجنبی آن کس که خیزد
بگیری در برت کو خون بریزد

چه باشد حاصلت از عمر رفته؟
بجز ننگی که بر دامان نشسته
بنازی بر زبان و چوبِ سرکوب
بگیری پاسخِ چوبت ز صد چوب

خرداد ۱۴۰۱

پیام مردم به حاکم

ملت نمی خواهد ترا

ای بانی بیتِ بلا
آخر نمی فهمی چرا؟
ملت نمی خواهد ترا
بس کن دگر رنگ و ریا

تا قصدِ بی جا می کنی
صد فتنه برپا می کنی
بیهوده غوغا می کنی
خون در دلِ ما می کنی

ظلمی که شُد آبان و دی
بَر می گَند بیتت ز پی
کردی زمین همرنگِ می
از خاوران تا دشتِ نی

نیکی نکردی با وطن
خشکیده شد شاخِ سمن
ای وای از این شام و یمن
داغت بود بر جان و تن

هر فرصتی کردی هدر
تا روز ما گردد بَتَر
نیمی ز ما بی بال و پر
جعمی دگر خونین جگر

از مردمان بُگسسته ای
دل بر سپاهت بسته ای
در قایقی بشکسته ای
بر موجِ خون بنشسته ای

آید صدا از هر سرا
ایران شده یکسر ندا
ملت نمی خواهد ترا
کارت تمام ای بینوا

خرداد ۱۴۰۱

غمِ نان

کِه می پُرسد نشان از نانِ ارزان؟
بگفتم پاسخم در سرخِ آبان
ندارم شُهرتی من در شنیدن
و یا از رنجِ محرومان چشیدن
مگو با من سخن از حقِ مَردُم
که آنها ساقِ جو، من تاجِ گندم
چرا ملت بقایِ من نتابد؟
به قصدِعزلِ من هر دم شتابد؟
از این خشمِ عیان پُشتم نلرزد
که خونِ مردمان یک جو نیارزد
در اصلاحِ سُنن سودی نبینم
همان رسمِ سَلَف بر می گزینم
به گِردِ بیتِ من سدی ز پولاد
نمی ترسم من از فردایِ بیداد
لهیبِ خشم من گر سر برآرد
ز هر جایِ زمین آتش ببارد
مجو در خوی من رنگِ مروت
که بستم با جفا عهدِ اخوت
بسازم روز و شب از خود روایت
چو آن روزِ جزا باشد حکایت

اردیبهشت ۱۴۰۱

تقدیم به گوهر عشقی

دیگه این جور نمی مونه

نه آسمونی، نه ریسمونی
دیگه بگذر ز سیسمونی
برات میگم یه افسونه
که خوشحالت بگردونه
نشی از غم تو دیونه

تو شهرِ ما لبا خندون
نمی ناله کسی از نون
زن و مَردا سرا دارن
هم از یارو رضا دارن

تو هر کوچه چراغونی
کباب و مرغ و بریونی
چه در خونه، چه مهمونی
بساطِ شور و شیطونی

سرِ تپه یه زندونه
که مالِ عهدِ شاهونه
ولی حالا گلستونه
کسی اون تو نمی مونه

به وقتایِ فراخونی
به سُرنا و غزل خونی
همش میگن ز همگونی
نه از زجری به زندونی

ز هر شهری ازین دنیا
همه می خوان بیان اینجا
ببین ملا چه با حاله
فقط فکر لب و خاله

ولی میگه یه فرزونه
چو گوهرها فراونه
دیگه این جور نمی مونه
وطن می شه دگرگونه

اردیبهشت ۱۴۰۱

اعتراض به دستگیری امام زمان در خمین

امام زمان در بند

شنیدم مجازا خبرهایِ داغ
از آنها که آرد دمار از دماغ
بیامد پیامی ز بالا به گوش
به فرزندِ آدم نه بهرِ وحوش
فرستاد یزدان امامِ زمان
که زشتی بروبد ز روی جهان
چو بر تختِ قدرت به شوکت نشست
ستون ها در این بیتِ عظما شکست
بشد رایگان قیمتِ آب و برق
نه چرخش به مغرب نه در سویِ شرق
نه ظلمی به ملت نه تاراجِ نفت
نه پولی به جیبِ امیران برفت
نه شیخی گلویِ ادیبان بُرید
نه طوسی به خلوت عفافی درید
نه مجلس بدستِ غلامان فِتاد
نه قُنداق مادر به خارج کِشاند
از این نیک بختی دلم شاد شد
گلویم چو توپی پر از باد شد
سرم سرخوشی از نو آغاز کرد
سرودن کتابی دگر باز کرد

دریغا که شادی ندارد دوام
به عهدی که حاکم ندارد مرام
کشیدند او را ز بالا به زیر
که رهبر نخواهد رقیب و نظیر
برنجید یزدان از این ماجرا
که حکمش نباشد در ایران روا
چو ناید رسولی دگر از خدا
قیامی ز مردم به از هردعا

اردیبهشت ۱۴۰۱

برای نسرین ستوده

سیسمونی

تو ای نسرینِ که زندانی
خبرها را تو می خوانی؟
چرا مبهوت و حیرانی؟
ز سیسمونی چه میدانی؟

چرا زندان بماندی تو؟
مگر جانی ستاندی تو؟
مگر دزدی پراندی تو؟
مگر قانون نخواندی تو؟

بگو از حال و افکارت
ز هجرِ نورِ چشمانت
ز سوزِ جانِ غمخوارت
ز نورِ شمعِ وجدانت

درآن جا هم جفایی هست؟
به هر کنجی عبایی هست؟
ز سرداران بلایی هست؟
نشانی از رهایی هست؟

تو ای غولِ بیابانی
اسیرِ بیتِ پنهانی
چرا کوشی به ویرانی؟
نه دین داری، نه ایمانی
نه انسانی، نه ایرانی

اردیبهشت ۱۴۰۱

صبح امید

کی ز ایران میرسد آن خوش خبر؟
کی رسد دوران این سختی بسر؟
کی پرد این جغد شومین از نظر؟
کی خرامد هدهدی در هر گذر؟
کی شکوفد غنچه های نوبهار؟
کی بخواند مرغ حق بر هر منار؟
کی درخشد گوهر علم و هنر؟
کی دهد باغ خردمندی ثمر؟
کی بیاساید دلی از فتنه گر؟
کی بروید نرگسی در چشم تر؟
کی شود ملت رها از ظلم شر؟
کی بتابد مهرِ تابانِ ظفر؟
چون نگون گردد هلالِ این قمر
بر فروزد شعلهِ زیبا سحر

فروردین ۱۴۰۱

مخالفت رهبر با فوتبال

فتنهِ فوتبال

قیل و قال این زنان از بهر چیست؟
وین همه فحشِ خفن در وصف کیست؟
شوت و کرنر معصیت بود از قدیم
من نخواهم این گُنه در این حریم
سوتِ داور موجبِ خشمِ خداست
هر پنالتی بدتر از صدتا زنا ست
گر که پاسی رد شود از لایِ پا
قلبِ هر مُسلم شود غرقِ عزا
مُزدِ دایی گرچه در دنیا طلاست
بازیش در نزد ما کلا خطاست
اندکی دانش ندارم از چمن
هر چه پرسی من بدانم از کفن
شورِ ورزش در ژنِ نِسوان نبود
دزدِ غربی در خفا از ما ربود
جایِ فاطی مطبخ و پشتِ لگن
دلخوشی هرگز ندانم سهمِ زن
شهرِ مشهد قبلهِ عیش و طرب
هر دم از ره می رسد شیخِ عرب
از پرستو پُر شده در پَرده ها
اجنبی حالی کُند با بَرده ها
دادِ مردم گر رسد روزی به گوش
گازِ فلفل می کند غوغا خموش

دولتِ پنهانِ ما گر گُل خورد
یارِ داور پرچمش بالا بَرَد
سُنَتِ اهل عبا باشد لواط
شیخ طوسی این چنین گیرد نشاط
چون عبث باشد صدایِ های و هوی
ای سعید نوحه خوان کامی بجوی

فروردین ۱۴۰۱

به یاد پهلوان سپیدان

کوهِ سپید

رعد کوبد بر سرِ کوهِ سپید
باد دزدد رونق از هر شاخِ بید
در شکافی کلبه ای دارد قرار
گِرد آن خرمنگه و تاک و انار
گاو زردی می چرد روی چمن
بویِ پونه پُر کند دشت و دمن
دل شکسته می کِشد دستی به سر
در سرش نقشی از آن بند و پسر
می رسد پیکی ز کوی لاله ها
همرهش آوایِ نی با ناله ها
مرد چوپان می کند بر او نگاه
نغمه های نای ودل پر درد و آه
بر زبانش لعنتی بر هر پلید
در دو دستش نامه و عکس نوید
ناگهان لرزد تن کوهِ خموش
آن ندا و این نوید اندر خروش

فروردین ۱۴۰۱

غزلی برای نازنین

ای که بودی چون گروگان در اوین
بعد از این با خوشدلان باشی قرین
از گزندِ آهرِمَن مانی امان
سال نو فرخنده تر ای نازنین
چون رها گشتی از آن بیداد و بند
آن شرنگِ کامِ ما شُد انگبین
رفت دیری با غم و بیم و امید
حُرمتِ انسان چرا باشد چنین؟
حاکمی بس خیره سر هر روز و شب
هر ستم با ما کُنَد با نامِ دین
گاه مانَد شاعری عُمری به بند
گه سِپارد جانِ شیرین آبتین
روزِ دیگر پهلوانی سر بلند
جان دهد اندر حصارِ ظالمین
بانگِ تو خامُش نشد در دخمه ها
عزم و خویت استوار و آهنین
رنجِ تو پنهان نَماند از دیده ها
رنجِ هم بندان کِه گوید پر طنین؟

فروردین ۱۴۰۱

نعلین و پوتین

ز نعلین و ز پوتین هر دو فریاد
که هر دو دشمنِ ایرانِ آباد
اساس بیت تو اینک بر آب است
خبر آمد که کاترین هم حباب است
نگیری فرهی فردا ز برجام
مُکن کاخی بنا بر خِشتکی خام
ز جنگ و خانمان سوزی حذر کُن
غرورِ قیصران از سر به در کُن
مَنه افسارِ خود در دستِ دزدان
مگر نشنیده ای از خویِ گُرگان
ز خشمِ مردمان آگه نباشی
اگر گردی همی از هم بپاشی
بساطِ این سیه کاری تو برچین
مگو هردم سخن از مِهر و از دین
مَکن ما را سپردر دستِ روسان
تجاوز پیشگان، آتش فروزان
نشین در گوشه ای در کُنجِ عُزلت
به دستِ عاقلان بِسپار دولت

اسفند ماه ۱۴۰۰

پیامک رهبر به کاترین جان

پراندم کاغذی در کویِ کاترین
که گویم چیزکی با مُرغکِ دین
مشو غمگین تو از حرف و هیاهو
به دنبال خودم چوب است و جارو
پرستو می زند در بیتِ ما پَر
همین پرپر کند گوشِ همه گَر
جزای مکتبی گشتن همینه
جفایِ چرخِ هرجایی چنینه
نخواهم اشک تو بر رویِ بالش
نه چشمِ نرگست قرمز ز مالش
ز بی بی سی کُنم صدها تشکُر
که تا چشمک زنم اشکش کُند شُر
عطایم می کند آنجا تَقلا
گهی از زیر پا، گاهی ز بالا
که بیت ما بود پیوسته بر پا
نگردد واژگون از بیخِ خرپا
بگو حرفی خلافِ حرفِ پیشین
که بر پُشتَک بود بنیان هر دین
چنین خود کرده ام عهدی صدارت
به ظاهر بی نظر، فارغ ز قدرت

بشو چندی کنون از دیده پنهان
و یا حرفی بزن چون بندِ تنبان
به اسم دیگری اینک تو بنویس
ز اندامم بگو یا جنسِ تندیس
برو گشتی بزن در ساحل راین
که کابوسم شده این جنگِ اوکراین
چو اسمت عاقبت گردد فراموش
دوباره مُرغکم گیرم در آغوش
الهی مُجتبی قَدرَت بدونه
برایت نغمهِ شومی نخونه

اسفند ماه ۱۴۰۰

نامه رهبر به پوتین

سلامی وزین بر برادر پوتین
ابر مردِ دیرین، نگهبانِ دین
چو فرمان بیامد که تمکین کُنم
سرم را فدایِ کرملین کُنم
امامم خمینی سرِ جنگ داشت
ز نفرت به دل ها بسی بذر کاشت
ز ژنرال روسی دلم گشته شاد
که توفد به دشمن چو باران و باد
به سربازِ روسی کنم افتخار
الهی نمیرد گهِ کارزار
ببر لشکرت تا دیارِ فرنگ
مشو خسته از کُشت و کشتار و جنگ
به هر دشتِ ژرمن تو شخمی بزن
ز هر باغ رومی تو شاخی بکن
مبادا که یادت رَوَد انگلیس
چو درمانِ نازا کند آن خسیس
مخوان خود کتابی ز آسیبِ جنگ
درونت بسوزد ز حرمان و ننگ
ز صلح و ز سازش تو هرگز مگو
که فاتح نتابد ره گفتگو
به شاکی مده فرصتِ انتقاد
چو خائن بگوید ز قانون و داد

فشان آتشی بر سرِ مردمان
که هر دم گُدازد تن و جان شان
به موشک بکوبان تو هر خانه ای
که عاقل بگردد چو دیوانه ای
ز مردی نشانی نبینم به کس
فقط از تو آید دلیری و بس
همیشه برایت دعا می کنم
دو ملت به پایت فنا می کنم
اگر مانده باشد فقط یک نفس
در آن می رسانم گزندی به کس
مبادا که فرصت بگردد تلف
سر و قلب مردم بگیرم هدف

اسفند ماه ۱۴۰۰

حمایت رهبر از تجاوز پوتین

عظمای روسی

شنیدی چه فرمود عُظما ز جنگ؟
فقیهی که چشمش ضعیف است و تنگ
چو بر صندلی می کند او جلوس
نگوید کلامی ز آزارِ روس
بگفتا که پوتین ندارد خطا
به جانِ شریفش نیاید بلا
ز مَشرق نیاید گزندی به کس
تمامِ پلیدی ز غرب است و بس
نه بخشی ز ایران بشد مُنفَصِل
نه مجلس به توپی بِشُد نقشِ گِل
نه حُکمِ تزاری مُناری شکست
نه بر یک حَرَم سربِ روسی نشست
نه شاهی ز نفرت دهانی بدوخت
نه پیمانِ ملت در آتش بسوخت
اگر از قیامی بیاید خبر
بگوید که شاکی نباشد بشر
ز روزی که در بزمِ طوسی نشست
مَزاجش دگر شُد، ز انسان گُسست
چو سلطان رَوَد سویِ بافور و بنگ
دگر او ابایی ندارد ز ننگ

اجَل چون بِکوبَد سرِ شانه اش
همان بِه که مسکو بود خانه اش

اسفند ماه ۱۴۰۰

عصیان

نیست قومی در جهان عاصی چو ما
هر کجا را بِنگری مُشتی هوا
حاکمی بس خیره سر با قلبِ تار
تر کند چشمانِ ما با چوبِ دار
گر برآید از جوانی یک صدا
خون سُرخش او بریزد چون ندا
دستِ دهقان خالی و چشمان کبود
بر فنا شد حقِ او از آبِ رود
کارگر طاقت ندارد بیش از این
سهمِ او را می خورد دلالِ چین
بر معلم گر کنی گاهی نگاه
چشمت از رنجش شود پُراشک و آه
تا سِپاهی می دَوَد دنبالِ مال
گوشِ ما را کَر کند با قیل و قال
مجلسی دیگر نباشد در میان
کو بجای ملتی باشد زبان
از فسادِ مَحکمه مردم به تنگ
منجلابی مملو از خوناب و ننگ
افتخارِ خبرگان باشد ثنا
کس نبیند حرکتی در آن سنا
بی کفایت دولتی در راسِ کار
بی خبر از ساز و کارِ روزگار

گر بماند این قرار و این مدار
ظالمی دیگر شود بر ما سوار
چونکه حاکم می دود دنبالِ شرق
یارِ غارش می شود در آب غرق
خود به خود ایران نمی گردد رها
با تساهل کی شود دردی دوا؟
با قیامی رنج ما آید به سر
از تعاون شام ما گردد سحر

اسفند ماه ۱۴۰۰

رهبر و دشمن

بهتر از رهبر در این عالم کِه دید؟
کی خدا بهتر ز دشمن آفرید؟
هر چه من از دشمنی گویم کم است
مرگِ دشمن بی گمان پُر ماتم است
رهبر و دشمن چو زوجی بی زوال
گر یکی لَرزَد دگر دوزَد جوال
کس نداند عَقدِ این ها را کِه بَست
یا چه جمعی بر سر محفل نشست
از خوشی وضع بشر گردد تباه
عقل و دانش مَشعلِ عیب و گناه
عشق انسان را ز رَه بیرون بَرَد
با خشونت او به مقصد می رسد
لُنگ اگر روزی بگردد رَختِ ما
نانِ خشکی تر نماید بختِ ما
عاشقِ رهبر شود هر مال دوست
خرجِ هر آدمکُشی از جیبِ اوست
گر چه گاهی جنگ و خون نعمت بوَد
وقتِ دیگر نرمشی برکت شود
یا رَبا این حلقه را از ما مگیر
هر چه خواهی غیر از این یکجا بگیر

بهمن ماه ۱۴۰۰

تقدیم به همه داغداران حمله موشکی

حکایت سپهدار و ریرا

بشنو این نی چون حکایت می کند
از جنایت ها روایت می کند
من به نظم آرم حدیثِ دردها
تا نماند پرده ای از گردها
آن سِپَهداری که ریرا را ربود
ذره ای در فکرِ آن جان ها نبود
در حصارِ محکمی او خانه داشت
از فروشِ خاکِ ما گنجینه داشت
در دلش بس کینه بود از این و آن
بر تمامِ مردمان، او بد گمان
دائما در گوشه ای کرده کمین
تا بکوبد بر تن هر نازنین
سوزِ سرما آمد و وقتِ سفر
نوجوان چون تابشِ نورِ سحر
چون زمانِ رفتن از میهن رسید
او بسوی پلکانی می دوید
تا که دختر از پدر حرفی بزد
مادرش بر روی او خود بوسه زد
می شمرد او لحظه ها را سَر به سَر
تا مگر کوته شود عمرِ سفر

موشکی با اختیاری هولناک
مُهرِ باطل زد بر آن رویایِ پاک
اضطرابی بیکران دارد پدر
پس سفر کی می رسد آخر بسر؟

فروردین ۱۴۰۰
ریرا اسم دختر نه ساله ای است که در کنار مادرش در این فاجعه دردناک جان داد

مرگِ نوید

در سکوتِ یکِ شبِ بی بامداد
در حصاری فاقدِ قانون و داد
چوبِ داری شد بپا
حلقهِ مرگی رها
جان ستانی سر تکاند
زیر لب وردی بخواند
مرغِ حق از جا پرید
پهلوانی جان بداد

همرهِ صبحِ سپید
بر خمِ مجنونِ بید
از خزان پیکی رسید
برگ های زندگی را
یک به یک از شاخه چید

مهرماه ۱۳۹۹

کابوسِ حاکم

دید خوابی حاکمی پر طمطراق
قامت شیخی که خفته در محاق
گفت رفتی بی خبر ای یارِ غار
از فِراق و رفتنت حالم نزار
چون تو بودی حقه باز و چیره دست
بیتِ من حالا شده بی چفت و بست
پاسخش آمد ز نعشِ زیرِ آب
مِهرِ ما را این چنین دادی جواب؟
من نبودم بَندری یا اهل کیش
پس چرا کُشتی مرا در حوضِ خویش
در زمانِ رفتنِ جان از بدن
قوی زیبا پر کِشد سوی وطن
من کویری بودم و اهلِ انار
پس چرا در گلشنی گشتم شکار؟
گرد حاکم حالِ زارش بر ملا
تا بداند آن غریق از ماجرا
این فراق پر شرر آید به سر
من بزودی پیکرت گیرم به بر
از گناهِ زشت من دیگر مگو
راهِ کینه با منِ مسکین مَپو
رمز و رازِ آن جهان را طالبم
چون ببسته توشه و خود عازمم

از بسیج و مسجدِ آنجا بگو
هم ز انواعِ عسل در آبِ جو
در بهشتِ بیکران یار تو کیست؟
پلکانِ منبرت از جنس چیست؟
از وصالِ حوریان کامت رواست؟
مجلسِ دود و دَم و شوخی بپاست؟
باز هم ویرانگر اندیشه ای؟
با تبهکاران ز نو هم پیشه ای؟
شیخِ کوسه حرف حاکم را برید
با عتابی پردهِ جهلش درید
نیست اینجا شاهد و بزم و پری
حرف ما دیگر ندارد مشتری
آن عذابِ آتش و مارِ دو سر
جملگی باشد اراجیفِ بشر
هست اما مُشکلی سخت و گران
کو بسوزد تا درونِ استخوان
حاکم ترسو بسی لرزان بشد
از رُموز آن جهان پُرسان بشد
چیست دیگر آن عذاب ناشناس؟
با چه دارد در جهانِ ما قیاس؟
گفت با او اکبرِ بشکسته دل
چون امیری قایقش در قعرِ گِل
جان چو دادی روح تو گردد رها
آن درونِ بی زبان خیزد به پا

نیست ابری کو بپوشد مهر و ماه
یا رسولی کو دهد ما ر ا پناه
حرف حق را می زند با تو ضمیر
زخم آن کاری تر از رگبارِ تیر
کی توانم من کُنم وجدان خموش؟
بانگ او هر روز و شب آید به گوش
هر خروشش ضربه ای کوبد به تن
خود ندانی وحشتِ شب های من
گاه گوید قصه دشت و اوین
از جنایت های ما با نام دین
بر دَرَد گوش مرا صوتِ ندا
تر کُند چشمان من خونِ هُدا
از نویدِ قهرمان هستم خَجِل
می کِشد بندی مرا از زیرِ گِل
بر سرِ هر کوچه ای ستارِ پاک
مادرش از ظلمِ تو بر روی خاک
هر خطایی کرده ای خود در نهان
ناگهان نقبی زند، گردد عیان
با فغانی حاکم از خوابش پرید
آن سعید نوحه خوان سویش دوید
قاریِ سلطان بپرسید از ولی
علت آن گریه و آن بُز دلی
وی بگفت از آن جهان پر زِ راز
در دو دستش گردن آن بچه باز

او شتابد در طریق اختلاط
تا بیابد لحظه ای شور و نشاط
خود ببیند لحظهِ سخت سقوط
دست و پا بیخود زند در این هبوط

بهمن ماه ۱۴۰۰

تقدیم به ناهید شیرپیشه و منوچهر بختیاری

خون آشام

پویا،
چه کسی کشت ترا؟
اجنبی بود، یا که مامورِ نَجا؟
وای از این ظلم و ریا
پویا،
آن که انگشت بر آن ماشه فشرد،
لحظه ای کرد درنگ؟
یا چو رگبار پراکند فشنگ؟
پویا،
چه کسی گفت شرور؟
به جوانی که سرش دارد شور
به عقابی که پَرد در رهِ نور
نشده ذوب در آن کورهِ زور
نکند عُمر تَبَه چون مزدور

ای که در بیت کنی فتنهِ نو
سرخوش از مدح دهی سینه جلو
باغِ رضوان بفروشی به دو جو
مُلکِ دارا بگذاری به گِرو
نگران باش و بیندیش به هنگامِ دِرو!
سوزِ ستّار ز گوهر بشنو
خدعه بس کن، تو از این راه مرو

تو ای ناهیدِ خنیاگر
به دشتِ لاله ها بنگر
ببین در آسمان اخگر
زمستان رفتنی دیگر
بهاران می رسد فردا
نشان از هر کران پیدا
و خواند بلبلِ شیدا:
"که ایران جاودان بادا"

دی ماه ۱۳۹۸

عشق یک طرفه خامنه ای به روسیه و چین

شرق زده

ای که شرقی گشته ای از هر طرف
دُرِ ما هرگز نبینی در صدف
زانکه رفتی در پیِ بیگانگان
بی گمان کردی فنا نام و شرف
حیف از آن ثروت که در دستت بسوخت
کاش بودی در خورِ کاه و علف
در چرا بستی به روی عالمان؟
عمرِ نسلی را چرا کردی تلف؟
گر تو بودی خادمِ فرزانگان
پس سرِ پویا چرا کردی هدف ؟
خنجرِ ماتم زدی بر جان و دل
منع کردی شادی و شور و شعف
با تو گویم ای حریص بیقرار
از برای عزل تو قومی به صف
مانده اندک فرصتی از عمرِ تو
فتنه ای دیگر مکُن ای ناخلف
چون فرو افتی تو از بالای تخت
ناگهان بالا رود آوای دَف

بهمن ماه ۱۴۰۰

پرسش گوهر عشقی از علی خامنه ای

یورش خونین

گوهرِ عشقی بپُرسد با غرور:
یورشی بر من چرا در راهِ گور؟
جانِ ستارِ مرا بِستانده ای
تیرِ مُهلک بر دلم بنشانده ای
چون ندارم راحت و صبر و قرار
از فراقش می کشم هر دم هوار
روزِ مرگش می روم در سوی او
تا بیابم مرهمی از بویِ او
من نمی ترسم ز اوباشانِ تو
با فغانم شب کنم روزانِ تو
من بگویم با شجاعت همچو شیر
دشمنش بودی تو ای شیادِ پیر
حرف ِ حق را از چه کس باید شنید؟
از زبانِ شاهدان یا از پلید؟
خود ندارم نیزه و تیر و کمان
بر نیارم جز حقیقت بر زبان
دادِ خود را از کجا باید گرفت؟
وضعِ دیوان از بدی باشد شگفت
این صدا ها از زمین آید نه ابر
خود بدانی طی شده دورانِ صبر

اخترِ بختت دگر آید فرود
کوی ما را پُر کند بانگ و سرود

دی ماه ۱۴۰۰

www.ingramcontent.com/pod-product-compliance
Ingram Content Group UK Ltd.
Pitfield, Milton Keynes, MK11 3LW, UK
UKHW062258290726
14090UKWH00017B/757